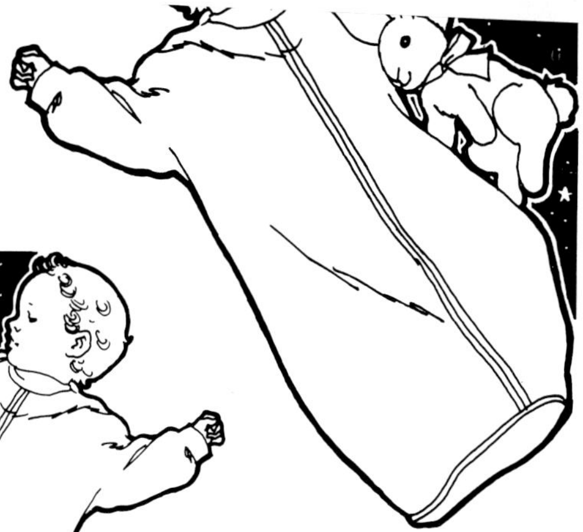

I LOVE
I LOVE
I LOVE

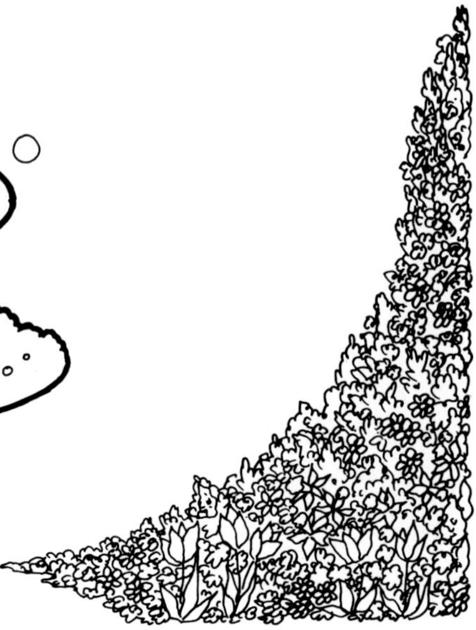

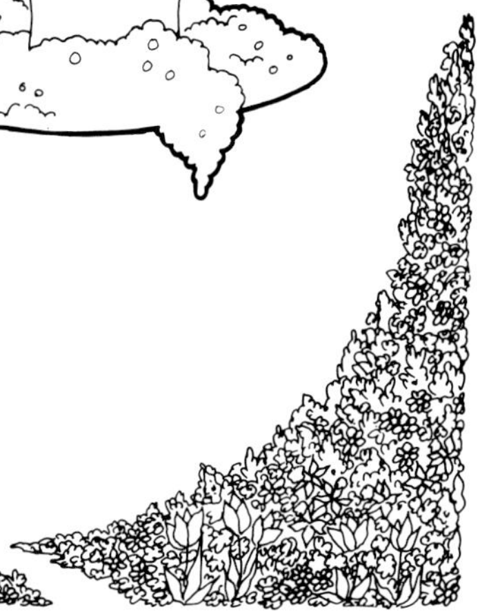

SUPER
KID

SUPER
KID

SUPER
KID

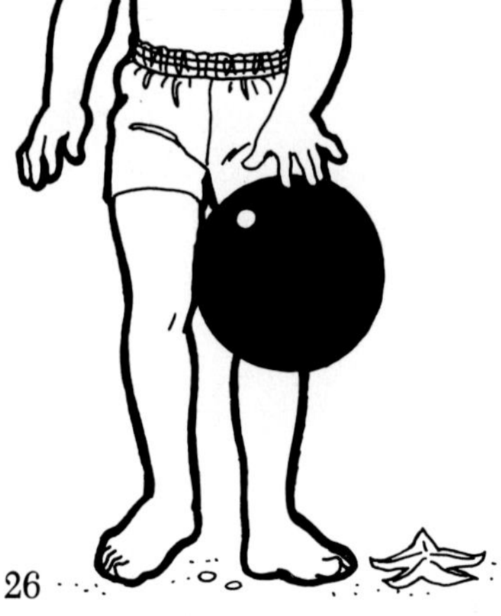

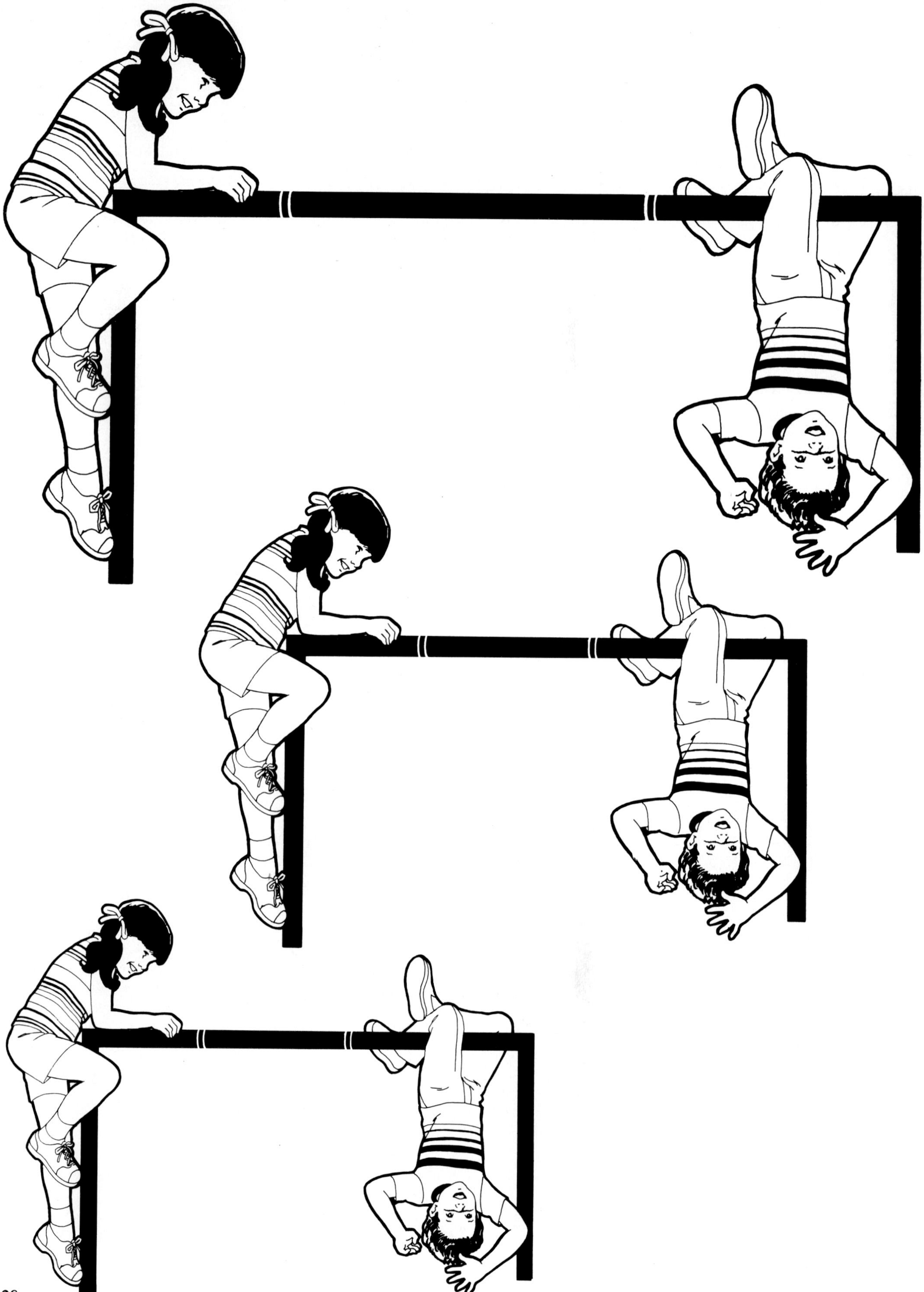

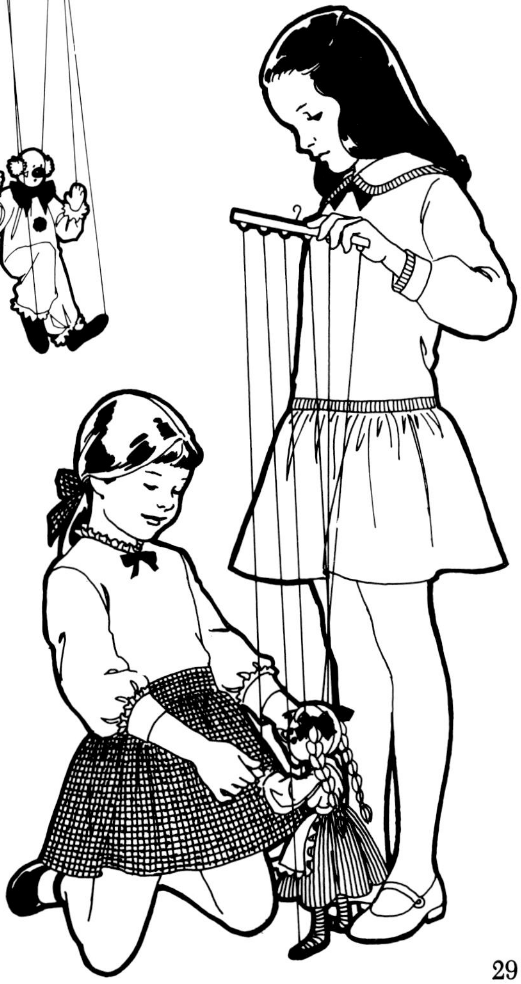

A
O
B
G
C

A
O
B
G
C